# Nun meine kleine Kirschblüte?!,...

## Lyrik, Epik und mehr...

## Bianka von der Heide

Für meinen Bruder Thorsten

Ihr sollt anders sein,
denn Ich,
der Ewige,
bin anders!

Gott zugeschrieben

Coverbild: Bianka von der Heide.
Herstellung: Books on Demand GmbH.
Alle Rechte liegen beim Autor.
Nachdruck – auch auszugsweise – nicht gestattet.


ISBN: 3-8330-0745-1

# 1. Sprichwörter,Spruchweisheiten,Sinnsprüche

# Ein glücklicher Mensch

Glücklich wird der Mensch meist dann,
wenn er andre' glücklich macht,
Nöte lindert,
zag zum Glück verhelfen kann...

(Sprichwort)

## Leben

Leben geht, doch vergeht nicht.

(Sprichwort u. persönlicher Glaube)

## Träume

Schöne Träume und schlimme Alpträume,
sind nicht bloß bange und süße Schäume;
sondern sie tadeln und trösten die Seele
- ohne zu weichen; verschrecken und versüßen sie
sondergleichen....

(Sinnspruch)

## Vergeben

Ein Mensch muss verzeihen können;
um nicht am Leben verzweifeln zu müssen;
denn im Vergeben liegt die verborgene,
oder oftmals auch verschüttete Freiheit,
und die frivol-feine Güte einer schönen Seele.

(Sinnspruch)

# Der Menschheit Untugenden

Von Düsterheit umwogen,
begleitet gewisslich,
schicksalhaft stetiges Unheil,
der Menschheit Untugenden....

(Spruchweisheit)


# Der Tod

Nicht schlimm und traurig,
stell' ich mir den Tod vor,
eher schimmernd und heiter;
heilsam und heilvoll,
und auch wunderlich.

(Ein Spruch der Sinn macht)


# Schweigsamkeit

Also gleich zu Anfang,..., unsertwegen...
Will man redlich reden,
doch die Zunge sich nicht regen,...,
kommt statt dessen triebhaft, die Schweigsamkeit
zu ihrem Segen...

(Sinnspruch)

# Keine neuen Menschen...

Es gibt keine neuen Menschen,
nur neu Wiederkehrende in einer neuen Umgebung
und neuen Gestalt...

(Sinnspruch und persönlicher Glaube)


# Leckereien zum Schlucken

Leckereien zum sanften Schlecken
und auch Schlucken
- ohne zu knabbern, zu kauen und sich zu mucken
- für die Seele die "Zahme",
sind süße Milch und warme.

(Spruchweisheit)


# Das Grauen

Das Grauen heißt es: eisern  - weiter und weiter -
zu bekämpfen, denn es durchläuft unstet,
aller Zeiten Zeitlichkeiten,
und Welten Wahrheiten...

(Sprichwort)


# Sei stet bedacht...

Wandle nicht in düsterer Pracht,
sondern sei stets bedacht...,
sinnlich, sinnig, aber sacht.

(Spruchweisheit)

# Grausiges Grauen

Grausig schlägt das Grauen zu,
keiner im irdischen Reich,
kann sich seiner sicher fühlen;
gänzlich entziehen.
Hat seinethalben nicht,
vor seiner Wenigkeit ruh'....

(Sprichwort)


# Erschütternde Erinnerungen

Manchmal muss man erschütternde Erinnerungen
zu Grabe tragen,
um weiter leben
- und nicht bloß überleben
- zu können..., zu müssen..., zu dürfen...

(Sprichwort)


# Geboren für das heilvolle, ewige Leben...

Wir werden geboren
- nicht etwa um irgendwann unstet zu sterben,
sondern, um uns im irdischen Dasein zu bewähren, zu
ergründen und zu läutern
- für das ewiglich heilvolle Leben.

(Sinnspruch)

# Gute und böse Menschen

Neigen Menschen zum Guten,
dann sind ihre Neigungen heilvoll;
denn rühmlich rührend.
Hingegen, neigen Menschen zum Bösen,
dann sind ihre Neigungen unselig;
denn sündhaft spürend.

(Sinnspruch)


# Lieben

Wer liebt,
findet auch immer einen Weg,
für alle Nöte
und allen Kummer.

(Sprichwort)


# Der Tod verwandelt uns...

Der Tod,
macht aus uns kleinen Raupen,
wundervolle Schmetterlinge;
verwandelt uns in großartige,
wunderbare Wunderwesen - inmitten einer Wunderwelt;
umwogen von Glück und Liebe.

(Sinnspruch)

# Den Weltfrieden wollen!

Nicht bloß Gott allein,
bringt den Weltfrieden;
wir müssen Ihn Gott schenken.

(Spruchweisheit)


## Lieber Gott

Lieber Gott,
sei Du uns nicht fern
und niemals fremd;
wenn, wo und wann immer wir Dich,
bitternötig brauchen.

(Bittender Sinnspruch)


## Der Weg zu Gott

Der Weg der zu Gott führt ist schwer,
oft schmerzvoll
und mit mancherlei Schrecken verbunden;
aber ein guter Mensch muss ihn gehen.

(Sinnspruch)


## Süße Liebe

Die Süße der Liebe,
ist der Kummer allen Übels.

(Sprichwort)

# Die Süße des Lebens

Des Lebens Süße,
ist der Friede und die Liebe.

(Sprichwort)

# Nur eine Hülle

Der Körper ist nur eine Hülle,
die jeder irgendeinmal abwirft.

(Sinnspruch)

# Düsternis

Wenn Düsternis und Kälte
die Welt befallen,
bleiben trotz allem,
sagenumwobene Lichter bestehen;
die unsere Seelen retten,
und Gott gefallen.

(Spruchweisheit)

# Lieben und Leben

Wer liebt,
der lebt;
und wer lebt,
der liebt auch.

(Sprichwort)

# Schwere Schuld

Es ist sehr viel grausamer,
mit einer Schweren Schuld zu leben,
als unschuldig zu sterben (getötet zu werden!).

(Sinnspruch)


# Das Leben und die Liebe lieben

Wer das Leben liebt,
der liebt auch die Liebe;
und wer die Liebe liebt,
der liebt auch das Leben...

(Sprichwort)


# Wiedergeburt

Wiederkehrend als Wiedergeborene,
können wir zu neuen lehrreichen Ufern kehren.

(Spruchweisheit)


# Sich zu Gott bekennen

Wer sich zu Gott bekennt,
brauch' den Tod nicht zu fürchten.

(Sinnspruch)

# Brauchbar

Unbedingt brauchbar sind: Glaube,
Liebe,
mit Hoffnung
einander vermischt.

(Sprichwort)


# Gehorsam Gott gegenüber

Wir müssen Gott
bedingungslos gehorchen;
aber keinem Menschen...

(Sprichwort als Aufruf)


# Mondmagie

Mondmagie, lässt sich wohl begreifen,..,
in etwa - als einen Vollmond,
voll von magischen Geheimnissen,
und Verschwiegenheiten;...,
welcher wundersam ruht...
Dessen Magie auch in uns ruhen kann...

(Spruchweisheit)

# Seinen Nächsten lieben

Wer seinen Nächsten liebt,
liebt auch sich selbst;
und findet in dieser Harmonie,
den Einklang mit Gott;
denn zur Göttlichkeit überhaupt...

(Sinnspruch)


# Lässiges im Leben

Tun wir, tunlichst allenthalben Leben zuliebe,
lästig Lässiges im Leben meiden,
bzw., lassen dergleichen vermeiden
- unbotmäßig allem Bösen zum Trotz,
und dem Guten gemäß
- so sollen dies alle Lässigen, vor allem aber,
durchweg durch und durch die Bösen,
beneiden und genug einsehen...

(Sinnspruch)

# Das Leben - Eine Lektion

Meinen Gedanken nachgehend
- bestehend in ihrer individuellen Eigenart
- meine ich, dass das Leben eine Lektion ist,
in die uns Gott schickt...
- Mal für kurze Dauer, mal für lange Zeit,
- und unterschiedlich oft, je nachdem;
wirklich daheim, geliebt und geborgen,
sind wir in Gottes großer glückseligen Welt.
Welche in ihrer Stetheit, stet so soft und warm liebt,
wie sie in ihrer Stetigkeit, so stetig latent,
süß und umsichtig siegt.

(Sinnspruch)


# Erschütterndes

Es ist sehr schwer, Erschütterndes
von der Seele abzuschütteln,
derhalben in tiefster Tunlichkeit,
und tiefstem Tun tragisch,
verwegen aber zerschlagen zu versagen...,
alsdann folglich, ängstlich zu verzagen...

(Spruchweisheit)

# Engelstränen

All dort,
wo Blut den Grund der Erde tränkt,
Blut!,
welches von Gewalt herrührt,
dort fallen und versiegen
auch aufgrund dessen,
jedes Mal unverhüllt und geradeheraus,
schmerzhaft-bitter,
tiefeinfühlende Engelstränen...

(Sinnspruch)

# Kein Tag...

Kein Tag ist wie der andere,
ob selbig schlimm oder schön.

(Sprichwort)

# Unrecht

Wer Unrecht tut,
macht sich zum Helfer
des Übels; des Bösen.

(Spruchweisheit)

# Getarnte Engel

Manche Menschen,
sterben so selig,
dass man meinen könnte,
es wären getarnte Engel...

(Sprichwort)


# Pfannkuchen

Saftig-weiche Pfannkuchen,
sind feine Fun-Kuchen.

(Spruch)


# Ein neuer Traum...

Der Tod, weckt Dich/Mich
in einem neuen Traum....,
unsagbar schön und wunderbar.

(Sinnspruch)


# Keine Nacht...

Keine Nacht ist wie die andere,
nicht gleich dunkel,
unheimlich und kalt,
nicht gleich heilvoll,
heimlich und warm.

(Sinnspruch)

# Die Sehnsucht eines Sterblichen

Die Sehnsucht eines Sterblichen,
bleibt fortan sein größtes
und ungelöstes Geheimnis.

(Sinnspruch)


# Eigentliches Leben

Wer den Tod nur fürchtet und nicht annimmt,
auch achtet, weiß nicht wirklich was Menschsein
- und als solcher zu leben und zu sterben - heißt.
Weiß nicht, was eigentliches Leben,
zuvor und vorab und mit der Materie vereint,
verschmolzen, verbunden zu sein
- mit der materiellen Wahrheit,
und nach ihrer Wesensart zu leben
- in Wahrheit bedeutet.....

(Sinnspruch)


# Gott führt...

Lass Dich von Gott führen!,
gehorche ihm mehr als allen und allem sonst!

(Sinnspruch)

# Religion

Religion!, ist eine Glaubens- und Herzenssache.

(Sinnspruch)

# ...Gott...

Denk' doch mal an Gott!

(Spruchaufruf)

# Gottes Trost

Kein Leid dieser Welt,
wird jemals so groß sein,
wie der Trost,
den Gott seinen Kindern schenkt.

(Spruchweisheit)

# Gott vertrauen

Vertraue Gott,
ganz und gar gänzlich!

(Spruchaufruf)

# Erfüllung in Gott

Gut sein,
nicht feige
aber furchtlos sein,
das führt zu Gott
und zur Erfüllung...

(Spruchweisheit)

# Der Ruf Gottes

In seiner internen Stille,
vernimmt der Mensch,
den Ruf Gottes.

(Sprichwort u. persönliche Auffassung)

# Unzählige Welten...

Vielleicht besteht der Himmel ja,
aus vielen, unzähligen Welten;
weil wenn wohl schon,
der wundersame Weltraum...,
uns unendlich groß entgegentritt.....

(Sprichwort)

# Seelenwanderer

Wir sind Wanderer;
Genauer gesagt: Seelenwanderer...

(Spruchweisheit)

# Zuckerzeug

Zuckerzeug,
ist etwas heilsames
für die Seele.

(Sprichwort)


# Wahrheiten und Lügen

Wer Wahrheiten begräbt,
erntet folglich,
nichts anderes als Lügen.

(Sinnspruch)


# Sternschnuppen

Fang ein!,
die Sternschnuppen,
die aus deinem
Herzen kommen;
Damit sie deine
innigsten Wünsche
wahrnehmen...

(Sprichwort)

# Göttliches Glück

Gott hat uns anhand der Begebenheiten
seines Sohnes gezeigt,
dass uns das Sterben und unverschuldetes Leid,
nicht nur leiden lassen, sondern auch,
göttliches Glück prophezeien...

(Sinnspruch)


# Heilmittel

Liebe ist das Heilmittel
für die Seele...

(Spruchweisheit)


# Die Gute Wahrheit

Wer die Gute Wahrheit Gottes
zu verdrängen versucht,
der gibt den Lügen der Bösen dieser Welt,
Chancen...

(Sprichwort und Wahrheit)


# Schweigende Traurigkeit

Und füllt sich Dein Herz
auch mit schweigender Traurigkeit,
ist es Gott doch so nah,
dass er es flüstern hört.

(Sinnspruch)

# Der irdischen Hölle den Garaus machen

Wer der irdischen Hölle
den Garaus machen will,
muss Gott mehr gehorchen
als den Menschen.

(Sinnspruch)

# Heiliger Geist Gottes

Der Heilige Geist Gottes,
entfesselt unsere Sinne,
wann immer wir nicht damit rechnen.

(Spruchweisheit)

# Magie

Vertraue der Magie deiner Gefühle!!!

(Sprichwort)

# Kämpfen!

Lasst uns kämpfen!,
für alle Geschundenen;
für uns selbst,
für die Gerechtigkeit,
für die Freiheit,
für den Sieg der Liebe!

(Ausruf als Aufruf)

# Allmächtige Himmelsmacht

Die Göttlichkeit
der allmächtigen Himmelsmacht,
erfasst unseren Geist
zur Stund' der Nacht;
und auch bei seligem Tagesschlaf:
weich nicht hart,
wenn tief genug er nur wäre und ward...

(Sinnspruch)


# Wachsende Liebe

Liebe kann nur wachsen,
tiefer werden,
und beglücken,
wenn sie reell
gelebt und geliebt wird!

(Spruchweisheit)


# Göttliches Licht

Das Göttliche Licht,
erhält uns im Schoße
Gottes beisammen.

(Persönliche Auffassung)

# Begegnung mit Gott

Vielleicht begegnen wir Gott hin und wieder,
teilen mit Ihm unser Leid,
ohne es zu ahnen...

(Sinnspruch)


# Gott gab...

Gott gab uns das Sonnenlicht,
auf dass wir:
die dunklen Seiten des Lebens
zu meiden wissen.

(Spruchweisheit)


# Auf Erden...

Auf Erden lebt der Mensch multilateral,
und bekommt gelehrt,...,
das: was ihm Stärke, Kraft
und geistige Reife verleiht.

(Spruchweisheit)


# Leid

Leid,
lässt sich niemals grundtief
und ganz erklären...

(Spruchweisheit)

# Leben und Tod

Ein Leben nach dem Tod
ist uns verheißen;
ein Leben vor dem Tod,
ebne uns den Weg dorthin.

(Sprichwort)

# Schuld

Die Schuldigen des unfass- und unsagbar Bösen
- ich frage mich: wie sie mit ihrer sich aufgeladenen,
großen Schuld,
nicht nur leben, nein sondern auch sterben können?
- Werden tiefgreifende Gewissensbisse,
mitleidlos an ihnen nagen?,
und wird der Schmerz ihrer sündhaften Schuld
ihnen doch noch gerecht werden?,...

(...fragender Spruch oder Ausspruch, der nachdenklich
machen möchte)

# ...Flügel verleiht

Ich mag die Liebe
die Flügel verleiht, die nicht entgleist
aber den Himmel preist.

(Ehrliches Sprichwort)

# Verdrängung

Verdrängung,
grenzt dicht
an Lässigkeit,
und ist ungut.

(Sprichwort)

# Geheimnisse

Auch Gott hat seine Geheimnisse!

(Spruchweisheit)

# Geistwesen

Wir sind von höchster Instanz
geschaffene Geistwesen - von einer sterblichen Hülle
umschlossen; wir sind: wahre Wanderer...

(Spruchweisheit)

# Gottes Ziele

Gottes Ziele,
verbergen sich im Leben
und in der Liebe...

(Wahres Sprichwort)

# ...wie mit dem Wind

Mit einem Sterblichen,
ist es wie mit dem Wind,
man weiß nicht was er will;
was er vorhat
und wohin er geht.

(Sprichwort)


# Irrtümer

Wir leben in einer unvollkommenen Welt
voller Irrtümer.

(Sinnspruch)


# Herr im Himmel

Der Herr im Himmel,
herrscht mit Liebe
über uns;
nicht mit Schrecken
und androhenden Gewalttaten.

(Lobspruch und Erkenntnis)

# Sonne, Mond und Sterne

Die Sonne,
gibt dem Tag das Licht,
sie macht den Himmel klar. ...
Der Mond und die Sterne,
geben der Nacht ihr Licht,
doch lassen vieles unklar....

(Sinnspruch)


# Geburt und Tod

Geburt und Tod,
Geborenwerden und Sterben,
führen durch temporeelle Türen,
welche Wunder wirken
und Wünsche bedürfen.

(Persönliche Auffassung)


# Liebende Herzen

Die Feuer liebender Herzen,
brennen und scheinen hell
wie die spezifischen Sterne.

(Sinnspruch)

# Glaube

Der Glaube,
ist die Kraft
aus der wir schöpfen.

(Sprichwort und Wahrheit)

# Gegenwärtige Zeiten...

Gegenwärtige Zeiten,
können sich in das Leid und den Schmerz
vergangener Zeiten,
niemals tief genug einfühlen.

(Sprichwort)

# Wahrheit

Wir leben,
weil wir aus dem Leben lernen;
und wir lernen in Wahrheit,
für die Wahrheit.

(Spruchweisheit)

## Sühnezeit

Für viele Menschen,
beginnt die Buße
erst mit dem Tod;
erst dann sehen sie
ihre Sühnezeit ein,
die ihretwegen sein muss....;
denn an Gott,
kommt niemand vorbei.

(Sinnspruch und persönliche Meinung)


## Lebensmut

Bittersüßer Lebensmut,
erklärt sich uns manches Mal,
als ein heimlicher Himmelsgruß.

(Lobspruch)


## Engel des Lichts

Die Engel des Lichts...,
könnten niemals soviel Kraft und Stärke aufbringen,
sich auf Erden heimisch zu fühlen!...

(Spruchweisheit)

# ...zu den Sternen

Lieber Gott,
trag' uns hinauf
zu den Sternen,
auf dass wir
leuchten lernen...

(Bittgebet und Spruchaufruf)


# Barmherzigkeit

Die Barmherzigkeit Gottes,
verbirgt sich in uns selber;
sie kommt zum Vorschein,
wenn wir barmherzig sind - mit uns,
und allen anderen...

(Sinnspruch)


# Unendlichkeit

Willst du die ewig blühende Unendlichkeit gelehrt
bekommen,
so musst du den feuerspuckenden Feuerdrachen Furcht,
erstmals erdulden und besiegen.....

(Sprichwort)

# Charakter

Der Charakter; also die Wesensart eines Menschen,
entpuppt sich bei Zeiten,
als bedeutungsvolle Vorsehung....

(Spruchweisheit)

# Im Leben

...hieselbst, im sterblichen Leben,
verhelfen Engel uns auf ...wegen.

(Sinnspruch)

# Magischer Geheimnisspiegel

Die Traurigkeit und der Kummer der Seele,
lassen sich nur in einem magischen Geheimnisspiegel,
denn in einer reinen und wahren Lebendigkeit
und Lichtwahrnehmung der Augen
eines menschlichen Wesens, erahnen...

(Sinnspruch)

# Das Wort Gottes

Gott vernimmt jedes Ihm gerichtete Wort;
Aber nicht jeder Mensch,
vernimmt das Ihm verheißende Wort Gottes...

(Sprichwort)

# Maßstab der Liebe

Gott misst
einen Menschen
nur mit dem
Maßstab der Liebe.

(Sprichwort)


# Neu geboren...

Wer Christus
die Hand reicht,
wird durch den Tod
neu geboren!

(Spruchweisheit)


# Das Geheimnis des Lebens

Im Sterben
liegt das Geheimnis
des Lebens.

(Sprichwort)


# Glück

Ein Glück,
dass das Glück
nicht alle Wünsche
wahr werden lässt.

(Sprichwort)

# Wahrheit und Klarheit

Ein Segen,
dass böse Worte
nicht über Wahrheit und Klarheit siegen.

(Sprichwort)

# Segen und Fluch

Segen und Fluch,
sind stet,
der Menschheit Geleit.

(Sprichwort)

# Gut und Böse

Das Gute ist des Bösen sein Feind;
vielmehr noch sein Erzfeind.
Und lässt nicht davon ab,
es ständig  zu bekämpfen.
- In der Art so variabel und verschieden,
wie auch die Menschen untereinander unterschiedlich
und völlig verschiedenartig sind.

(Sinnspruch)

# Regen

Der Regen prasselt
herunter zur Erde,
doch die Vögel fliegen frei hinauf,
bis zu den Wolken.

(Sinnlicher Spruch)

# Das Grauen der Welt

Ein warm- und heller Tag
voller Sonnenlicht,
lässt das düstere Grau
und das Grauen der Welt vergessen;
für kurze oder auch lange Zeit...

(Spruchweisheit)

# Besonderheiten

Jedes Lebewesen hat seine ganz eigenen Eigenarten
und Besonderheiten...

(Spruchweisheit)

# Wahre Liebe

Wahre Liebe,
kann wie ein einzelnes Sandkorn anmuten,
genau wie dieses,
ist sie oftmals sehr schwer zu erkennen
und zu umschließen....;
und doch gibt es beiderseits Besonderheiten
- so reell und zahlreich reichlich...

(Spruchweisheit)


# Kalt und hart...

Kalt und hart,
ist das Herz eines miesen Menschen;
aber warm und weich wie Brei
ist das Herz
eines Liebend - und Nächstliebenden.

(Spruchweisheit)


# Das Geheimnis der Hoffnung

Das Geheimnis der Hoffnung,
trägt uns Menschen
durch Zeiten und Zärtlichkeiten...
- wie schwache Schmetterlinge,
auf anmutsvoll ausgebreiteten Adlerflügeln;
welche sich tollkühn zu tragen wagen,
sich in Sicherheit wähnen,
um auszuruhen, von dem irdischen, beschwerlichen Leben.

(Sinnspruch)

# Hoffnung

Die Hoffnung ist
etwas viel viel stärkeres,
als alle Streitkräfte der Welt;
sie ist etwas Stärkendes.
- Keine Streitmacht dieser Welt,
hat gegen sie eine Chance...

(Spruchweisheit)

# Geistseelen

Geistseelen sind verborgene Kreativitäten...

(Sinnlicher Ausspruch)

# Weiterentwicklung

Wir dürfen nichts Grauenvolles
das wahr ist und Wahrheit verkörpert-,
ganz gleich jedweder Zeit und Art,
- vergessen machen; und wir müssen
wohl oder übel auch durch lästig' Leid
und Schmerz schreiten - um daraus zu lernen
und uns weiterentwickeln zu können.....

(Sinnspruch)

# Bewusste Beschränkungen

Niemand sollte in einer Welt
voller bewusster Beschränkungen
sein Leben fristen müssen;
sondern sollte sich
gründlich darüber im Klaren
sein/bleiben/werden,
wie viel dem Lieben Gott
ein einzelnes Lebewesen bedeutet,
nämlich unendlich viel.

(Sinnspruch)


# Warmer Halt

Sanfte, süßsinnige Sehnsucht,
sucht stets Klarheit;
und einen warmen Halt.

(Sprichwort)


# Es kommt darauf an...

Es kommt nicht darauf an,
was ein Mensch in seinem irdischen Dasein erreicht,
und in dieser Welt besitzt,
sondern darauf:
was sein Herz daraus lernt,
und seine Seele einmal ernten wird:
Rachsucht oder Vergebung, Mitleidlosigkeit oder Mitgefühl,
Hass oder Liebe,
und so weiter.

(Sinnspruch)

# Erträgliches Leben

Das Leben erträglich leben zu können
bedeutet,
leidig- unausweichbares Leid
passabel lindern
zu dürfen/zu sollen/zu wollen.

(Spruchweisheit)

# Gottvertrauen

Ich möchte Gott vertrauen,
ohne misstrauen

(Persönlicher Ausspruch)

# Gesetz

Manche Menschen verdrängen
für sich selbst den Tod
und das Danach;
doch beides ist
wohlwahr aus der Wahrheit gegriffen
Gesetz.

(Spruchweisheit)

# Eine Seele

Erstaunlich wie wandelbar
doch die Seele sein kann.

(Sprichwort)

# Aberglaube

Aberglaube, ist eigentlich
so denke ich,
ein nur arbiträr- unlieb- und unglückseliger,
unklar- und auch unerklärbarer,
mithin zuweilen unbewusster Unglaube....

(Spruchweisheit)


## Ein abergläubischer Mensch

Ein abergläubischer Mensch,
ist meistens auch
ein unentschlossener Geist...

(Sprichwort)


## Im Leben suchen

Den richtigen Weg im Leben gefunden zu haben,
bedeutet: dass Gott Dich gefunden hat.

(Sinnspruch)

# Kummer

Der Kummer,
der seit
zeit an gesät wurde,
ist aufgekeimt;
doch noch
nicht geerntet
und abgetragen worden...

(Spruchweisheit)

# Leben mit Gott

Gott sollte es sein,
der im Leben
und zum Leben
führt!

(Aufruf)

# Es tut gut...

Es tut gut, Menschen zu helfen.

(Sinnspruch)

# Gottes Geheiß

Für manche Menschen
mag Leid lehrreich sein,
für manch' andere Leute
hingegen bloß,
lästige, jähe, pure Pein...;
jedoch nach individuellem, überirdisch -unermüdlichen,
nutz- und gottvollen Geheiß,
bestimmt es elegisch und bedingt,
die jähen Wogen wichtiger Wirklich- und auch
Wachsamkeiten etc. - Derhalben...wesentlichsten Wege,
welche uns unserthalben wegen,
zur wahren Vorherbestimmung führen möchten;
und uns unserer Wenigkeiten gemäß,
auch zu eben einem überlegenen Über-Ich bringen wollen.

(Sinnspruch)


# Dekodierendes Denken

Dekodierendes Denken
vereitelt vielleicht so manches Mal,
Menschen in Harnisch zu versetzen,
sowohl als auch selber in Harnisch zu geraten,...

(Sinnspruch)


# Philosophie

Meine ganz individuelle und persönliche Philosophie
- aller Lebenslagen betreffend,
ist einem Lieben Gott gemäß.

(Persönlicher Ausspruch)

# Ehrliche Ethik

Ehrliche Ethik sei stet gewogen,
einem ethischen Ersuchen
nach dem Guten!;
gleich edelherzig - dünkendem Geheiß
menschlicher Moral zufolge...

(Sinnspruch)


# Düsterkeit

Düsterkeit umschattet
der Seele ihr Reich
- wenn Harm
und Hass
das Herz
zerteilt.

(Sinnspruch)


# Wer nicht liebt...

Wer nicht liebt,
der lebt umsonst!

(Spruchweisheit)

# Die Lautere Liebe

Lieber Gott,
Du bist die Lautere Liebe
und das Lebendige Wort.
Mond und Sonne überfließen
das Düstere Dunkel,
brechen alle Bösen Schatten,
werden zu schmelzendem Eis
und brennendem Feuer
In Deinem Herzen;
erlischen und leuchten
wie Kerzen...

(Lobspruch)


# Die Welt allein...

Wie schön wäre es,
wäre die Welt allein
ein unbegrenzter Raum
- zeitlos geborgenen Lebens und Liebens;
ganz ohne bewusste Beschränkungen,
und nicht des leidigen, schlimmen Sterbens und Hassens.

(Sinnlicher Ausspruch)


# Die Ruhe vor dem Sturm

Die Ruhe vor dem Sturm,
ist der sinnigen Taktik
ihr stilles Tun.

(Sinnspruch)

# Sanftmütiges Vergeben

Ohne edel- und sanftmütiges Vergeben,
gäbe es keine Hoffnung,
und gibt es keinen Frieden...

(Sinnspruch)

# Wer wagt zu lieben...

Wer wagt zu lieben,
muss unterfangen haben,
sich seinethalben zag zu läutern;
und unstet selbstloses Bangen wagen...

(Sinnspruch)

# Die Zeitlichkeits-Zeit

Vielleicht sind wir in Wahrheit so alt
wie wir jung sein können
- so, wie die Zeitlichkeits-Zeit...

(Nachdenklich machender Spruch)

# Das Leben...

Mal ist das Leben sanft und süß,
wiewohl ein anderes Mal
wild und wüst.

(Spruchweisheit)

# Gottgleiches Handeln

Gottgleiches Handeln,
ist einem guten Menschen gemäß.

(Sinnspruch)

# Immaterieller Geist

Der immaterielle Geist,
muss über die lebendige Materie herrschen!

(Persönlicher Ausruf)

# 2. Reelle Rätsel

# Die Bösen der Welt

Rätselfrage:
Wer besänftigt über kurze oder lange Zeit, die Bösen der
Welt?

*Des Rätsels individuelle Lösung lautet:*
*Über kurz- oder lange Zeit, macht der tiefe Schlaf -, welcher*
*unweigerlich über die Menschen kommt - sie zu friedvollen*
*Lämmern.*

# Verhängnis

Rätselfrage:
Was kann einem Menschen im irdischen Leben ständig
zum Verhängnis werden?

*Des Rätsels Lösung lässt verlauten:*
*Wenn die physiologische Erscheinung des Menschseins*
*dem individuellen Geistsein immer einen Schritt voraus ist...*

# Vergehen

Rätselfrage:
Wann droht dem Menschen ein redlich-rasches Vergehen?

*Die Rätselauflösung lautet:*
*Dann, wenn er sich seiner sterblichen Hülle zu bewusst ist,*
*mithin die Zeitlichkeit seinerseits, einfach zu offensichtlich*
*hinnehmen würde...*

# Gutes Herz

Rätselfrage:
Kann ein gutes Herz auch grausam fühlen?


*Jein, doch dann vielleicht,*
*wenn man es übers Herz bringen würde*
*- aus welchem Grund auch immer*
*- ein anderes Herz bluten zu sehen/zu lassen.*

# Sterben

Rätselfrage:
Warum muss der Mensch sterben?


*Das Rätsel verheißt Dir:*
*Wohl darum: um wahrhaftig und wirklich leben zu können*
*- ohne Furcht und Schuld....*

# Kühnheit

Rätselfrage:
Welcher Mensch kann von sich sagen: stet Kühnheit zu
wagen?


*Rätsellösung:*
*Der, der nicht zerstört, verletzt und tötet, egal was da käme*
*und auch kommen wird...*

# Gleichnisse

Rätselfrage:
Warum wohl, könnte Jesus so oft in Gleichnissen
gesprochen haben?

*Des Rätsels Lösung lautet:*
*Nur so konnte er uns vielleicht gefahrlos wichtige*
*Botschaften überbringen; aus denen wir eines schönen*
*Tages aus dem Vollen schöpfen können.*

# Krankheiten

Rätselfrage:
Können Krankheiten auch gutes bewirken?

*Die Rätsellösung heißt:*
*Ja, wenn jemand genug innere Kraft verspürt-, die ihm*
*behilflich sein wird - ein neuer Mensch zu werden... - Und*
*ihm hochfein gute Gesinnungen vermittelt...*

# Schmerz

Rätselfrage:
Welcher Schmerz ist der schmerzhafteste und schmerzt am
allermeisten?

*Das ist die Rätselauflösung:*
*Der, den Du anderen Lebewesen zufügst!*

# Sünde

Rätselfrage:
Ist Sünde immer etwas Schlechtes?

*Dies ist die Rätsellösung:*
*Jein, nicht, so wir aus unserer eigenen Fehlbarkeit*
*lernen!,...*

# Ein menschliches Herz

Rätselfrage:
Wie  sehr kann ein menschliches Herz erkalten?

*Die Rätsellösung:*
*Bloß so kalt, wie wir es zulassen!*

# Sehnsucht und Trennungsschmerz

Rätselfrage:
Können Sehnsucht und Trennungsschmerz machtvolle
Kräfte und Krafterscheinungen freisetzen?

*Die Auflösung des individuellen Rätsels heißt:*
*Ich meine ja, insofern sie gefühlsintensiv und stärkend subtil*
*ausgelebt werden...*

# Das wirklich Entscheidende

Rätselfrage:
Was ist das wirklich Entscheidende im Leben eines
Sterblichen?

*Die Auflösung der Rätselfrage lautet folgendermaßen:
...ob ein Mensch sich entschieden für andere einsetzt und
hilft!, oder auch nicht! - Denn das ist das Gebot der
Selbstachtung und der Nächstenliebe!*

## Wertvoller als Geld und Gold

Rätselfrage:
Was ist wertvoller als Geld und Gold?

*Die Lösung
dieses sehr nachdenklich machenden Rätsels lautet:
Eine hochfeine Seele, die jene echte und warmherzige
Liebe einschließt - in ihrem unermüdlichen Sein sowie
Bestehen...*

# 3. Lyrik und Epik

# Rosa Rose

Rosa Rose mit Morgentau,
welch wahrlich wohl, ein bewillkommnender Beschau,

Rosa Rose, sanft nicht rau,
macht machtvoll Menschen froh, im Innersten lau,

Rosa Rose zeitlich und zart,
durch Dornen, vor Vorkommnissen arger Art, behütet,
bewahrt,

Rosa Rose, weich wiewohl hart,
Dein Dasein ist mit sinnlicher Schönheit gepaart.

Rosa Rose süß-duftend und frisch,
so sinnlich und still, wie vielleicht nur ein friedlicher Fisch,
der dem Ozean frönt; und doch in seinem selbigen,
pulsierend' Herzen Wasser erlischt;

Rosa Rose, so schön und doch losgelöst auf dem Tisch,
Dein Reifen und Blühen und Schönen,
sich in der hübsch-schmückenden Vase,
mit Schmerz und mit Trübheit vermischt...

Elegie, lyrische Dichtung (Lyrik)

# Leidenschaft in Form von Liebe

Leidenschaft ist eine Eigenschaft,
durch die man eil' entbrennt,
und flugs verkennt,
wie leicht man - das Wörtchen und zugleich große Wort
- Liebe beim Namen nennt.

Epigramm, lyrische Dichtung  (Lyrik)


# Nun meine kleine Kirschblüte?!,...

So verletzlich und auch ausgeliefert,
schummelst Du Dich durch ein Tal,
wie eine Spielmaus, ein Wesen ohne Wahl,
ein Tal, das mit dornigen Rosen umsät,...,
dessen Hassliebender Harnisch,
menschliche Herzen quält.
Du fliehst etwaig,
zu jemandem in den Arm,
der Dich an die Hand nimmt,
Dich an sich zieht und hält,
gewillt, beschützend, wahrhaftig,
lieb und zartfühlend, wie's Dir gefällt.
Jemand, der Deine Hand hält,
jemand, der Dich warm hält.

Lyrisches Lied, lyrische Dichtung  (Lyrik)

# Märchenmond

In einem warmen Wald,
wo Troll und Elf,
sich sorglos geborgen zuhause fühlen,
wo Feen zaubern und Blumen,
beständig behäbig, stetig selig,
andächtig blühen und blühen,
die kein Mensch zur Stund'
der Zeiten unsrer' Welten wohl,
zuweilen süß geatmet, gefühlt, geliebt, gesehen;
dort wacht mit über allesamt Wolkenwesen und Stern,
auch ein magischer Märchenmond,
den haben alle Anwohner unter ihm gern,
deren Herzen heil und lieb sind, wie das des Himmlischen
Herrn!;
selbst Seelchen, sonderbar unscheinbar,
empfinden ihn als heilvollen Hieb,...,
im magieumwogenen Waldesgebiet;
o leuchte lauter weiter, und bleibe ewiglich verschont...,
wunderschöner Märchenmond - der Du bist und bleibst mit
Magie bewohnt...

Lyrisches Lied, lyrische Dichtung  (Lyrik)

# Halleluja

Herr!, die Herbe des Geschehens auf der Erde,
liegt Dir so fern, wie Dir des Teufels Gebärde,

Du sendest den Sanftmut, er macht uns Mut,
Du spendest die Stärkung, die uns tut gut,

Du bist die Liebe, wir sind Dein Gut,
und verscheucht das Böse, mit Deiner Stärke Glut,

ein Hallelujah, sing' ich Dir mein großer Gott,
hallelujah, hallelujah, Dir allmächtig-allerhöchster,
allerliebster Gott.

Loblied, lyrische Dichtung  (Lyrik)


## Die innere Kraft

Meine innere Kraft,
treibt mich voran,
und zeigt mir,
wie gut ich
davon profitieren kann;

meine innere Kraft,
bedeutet für mich:
ein kleines Stück
vom großen Kuchen,
heißt für mich,
Gott liebt Dich und mich!

Essay, epische Dichtung  (Epik)

# Mondmagie

Monde voller Verschwiegenheiten,
voll von ambrosischen Kräften,
eingetaucht in schwerelosen, seligen Säften,
gebettet im hoffnungsfrohen Ozean - optimistischer
Weiten...

Monde, die kranke Seelen gesunden lassen,
die fischkalte Herzen heilen, sie mit Magie anfassen,
die ab und zu, mondsüchtige merken lassen,
was kein Sterblicher andernfalls kriegt ansonst zu fassen...

Elegie, lyrische Dichtung  (Lyrik)

# Die Maus

Ob Waldmaus, ob Feldmaus, ob Tanzmaus, ob Spitzmaus,
alle möglichen Mäuse, Glück oder auch Graus,
sind gelegentlich mal Gast im Haus...

Unfreiwillig oder nicht,
bekommt man sie dann und wann zu Gesicht...; braun,
beige, weiß, grau, schwarz und auch schwarz-weiß, na und,
gesprenkelt bis gescheckt-fleckig-bunt,
sie die Neugier in uns wecken, wohlwunderlich gesund;
doch fahlgelb und mäusegrau,
macht sie manch einem Mensch den Magen flau.

Alle Mäuschen knabbern gern' Käse und Speck,
im Nu putzen sie alles Leckere weg,
auch Haselnüsse, Äpfel, Grassamen, mmh leck und
schleck, Hafer und andere Körnerfrüchte schlecken sie keck
- am liebsten im Warmen, halt versteckt und unentdeckt...

Doch bitte ich euch: fügt gar nimmer ein Leid ihnen zu, sie
spüren Schmerz, ganz genauso wie Du!

Erzählung, epische Dichtung  (Epik)


# Sinnenrausch

Du bringst mein Herz zum zagen Verdruss,
zum überfluten im süßen Überfluss;

ergriffen empfindest Du gerührtes Glück,
empfänglich empfängt Dich mein bewegter Blick.

Lyrisches Lied, lyrische Dichtung  (Lyrik)

# Loblied an Gott

Du Herr!, mein Gott!,
bist herzensgut,
Dein Herz besteht absolut,
aus lauter lauterer Liebesglut,
Güte und Mut;
Liebe ist Dein Blut!

Loblied, lyrische Dichtung  (Lyrik)


# Eine Ode an den Tod

Der Tod ist nicht tot und bös',
der Tod ist süß, unsterblich,
denn er bereitet dem Sterben ein Ende,
tötet das Hinsiechen,
und verschafft Erleichterung - unserer wandelbaren Seele;
als auch ihrer süßen Sinnlichkeit,
Stolz und Süßheil Seligkeit...

Der Tod will freiwillig kommen!,
wer ihn dazu zwingt zu erscheinen,
dem macht er einst das Sterben schwer!...

Ode, lyrische Dichtung  (Lyrik)

# Auren

Die jeweilig in ihrer reichlichen,
farblich- und auch feinfunktionstüchtigen Vielfalt
vorhandene Aura (Ausstrahlung) - aller demonstrativ
darstellenden Lebensformen und Daseinsberechtigungen,
ist des Seins strebsames Scheinen - für und für, für uns!;
und unbedingt auch manches Mal dem Dasein ein
heilvolles, heilendes Heiligenscheinen. - Welches als
verklärter Strahlenkranz-, wundersam, sowie jeweils
heilvoll, über Heiligenhäupter und  Engel - wacht und
scheint und besteht...

Ode, lyrische Dichtung  (Lyrik)


# Die Vanille

Zagwürzige Vanillestangen,
zart in ihren Gerüchen,
berauschend und warm,
zaubrische Vanillin-Düfte,
dem Sinnenrausch gewogen und zahm
- schweben und wehen weich durch die Winde;
verzaubern wie Vanille Blumen
- vielleicht sonnengelb und farnwedelgrün
- des Menschen sein Harm gewisslich gelinde,
zu einem sanften,
sogleich selig-  schwindeligen Schwarm...

Lyrisches Lied, lyrische Dichtung  (Lyrik)

# Die Erdbeere

Rot und süß
und üppig
gewiss,
saftig, prall
und auch
deftig im Biss;
mit viel viel
Zucker,
für manche
ein Muss,
eingehüllt in
einer erdbeerig
süßen Sahne
ein himmlischer
Hochgenuss.

Lyrisches Lied, lyrische Dichtung  (Lyrik)


# Weinende Welt

Unsere eozoische Welt wird stet,
stets neu mit Trauer besät,

mit viel viel Traurigkeit bestückt,
die Welt wird soundso verrückt,

durch Harm und Harnisch erdrückt,
seelischer Schmerz der mich bedrückt.

Nänie, lyrische Dichtung  (Lyrik)

# Gänseblümchen

Sie schmücken das weite Weidengrün,
anheim- und erfrischend empfindet
mein Herz ihr erblühen;
jene Schönchen,
welch zartrosa weiße Blümchen,
mit gelbem Pollenstaub
und grünem Stengelchen;
genießbares Gänseblümchen - niedlich und fein,
mögest hinlänglich mein Lieblingsblümlein sein.

Lyrisches Lied, lyrische Dichtung  (Lyrik)


# Land der Lächelnden Sonne

Sinnliche, konsequente Träume,
erfüllen Dir des Nachts,
ein Tal in dem Du tapfer wachest,
und trotz entstehender Dunkelheit,
heiter lachst...

Sonderlich lächelst Du dort der Sonne entgegen,
Dein rebellischer Mut fühlt sich ihr überlegen,
dankbar streckst Du deinen Hals nach ihr aus,
als wolltest Du ihr erklären:
bin Dein verborgenes Hoheitshaus.

Seliger Sonnenschein wird Dein Sein versüßen,
Dich heilvoll wärmen,
für deine Launen unstet büßen,
wiewohl Dich ohne Erwartung
und Urteil begrüßen,
wie sehr doch deine Seele süßen.

Epigramm, lyrische Dichtung  (Lyrik)

# Tal der Tränen

Dem tobendem Sturm überlassen,
von klaren Quellwassern
nicht genug reingewaschen,
vom tiefen Meeresgrund aufgesaugt,
von salzigen Tränen erhitzt, ermüdet,
der Wehmut beraubt,
der Schwermut traurig anvertraut.

Ersuche, erträume mir das Tal der Tränen,
so finde ich im Schlaf den Segen,
der Weh und Ach mir nimmt,
nach heldenhaften Hoffnungen
- sucht und sinnt.

Reich geschmückt und umwogen von Glück,
bade entzückt mit viel Wonne, ich,
im Ozean der Freude und Tapferkeit,
ganz ohne Sorge und Harm;
er ist wie ein Schoss
- geborgen und warm.

Elegie, lyrische Dichtung  (Lyrik)

## Zur Stund' der Sternenkinder;
## der Kinder Gottes

Alles Hässliche wird wieder schön,
gleichwie vor unserer Zeit...,
und in den weiten Himmeln denn,
fröhlich, lächelnd, ewig blühen...

Alles Kranke wird wieder heil,
gleichwie vor unserer Zeit...,
so wird auch jedweder Schmerz einmal,
in der Ewigkeit verglühen...

Elegie, lyrische Dichtung (Lyrik)


## Weltschmerz

Der Weltschmerz,
legt sich mir
schwer ums Herz,
es ist,
wie ein kalter Schauer
und Hagelregen,
er ist,
für mich ein Erdbeben,
kein Segen,
der Weltschmerz
macht mich traurig
in meinem Leben,
macht mich,
in meiner Seele krank,
...kein Scherz!

Essay, epische Dichtung (Epik)

# Wolfsblut

Wild, grausam, und doch auch warm,
verlässlich, und auch willensfrei,
hartnäckig und voller Leidenschaft,
verfolgt der Wolf jedes seiner Ziele,
zäh, einsam, liebeshungrig...

Die unbändige Gier seinerseits,
zeugt ebenso von großer Kraft,
als wie von unermesslicher Willensstärke;
er liebt und er giert,
er hasst und er fürchtet,
er tötet, und doch beschützt er
das Leben seiner Lieben.

Ode, lyrische Dichtung  (Lyrik)

# Langmut

Meine Seele ist hin- und hergerissen,

mein Herz ist wie Heu zersplissen:

sowie eine Harfe -,

bei heftig süßem Spiel,-

sichtlich arg anreizt,

halt viel zuviel.

Elegie, lyrische Dichtung  (Lyrik)

# Schmerz

..., Seelenschmerz ist der stärkere Schmerz...,
er frisst uns auf: zuhauf;

er vergeht nicht, und er verweht nicht,
nicht so leicht und seicht...

Epigramm, lyrische Dichtung  (Lyrik)


## Wolfsmilch - Gelber Blütenzauber

Reines Seelchen - giftiges Quälchen,
warme Magie enthüllt in Dir wie geleckt:,
welch ein blühender Zauber,
reich in ein jegliches
Wolfsmilchpflänzchen steckt.

Wenngleich dein Name Dich derb necken mag,
verläuft dein Dasein
nicht karg und auch arg;
aber dennoch müßig und zag.

Zarte Pflanze, dein süßlich' Sein,
ist manchem Schicksal eine bittere Pein;
doch erlaubt es Dir entzückt,
sosehr, kleckendes Glück.

Lyrisches Lied, lyrische Dichtung  (Lyrik)

# Der Eisfuchs

Im weißen Pelz geschützt, überlebt er eigens
bei fünfzig Grad Minus,
gar die Schneelandschaft der harten und
eisigkalten, arktischen Winter - gewisslich
mitnichten angstvoll, so wohl und warm,
sowohl ohne Harm und auch Gram,
ist er stet heilfroh; denn sein Herz,
des Leidens und Leides leidlich roh.

Das dichte Fell, des erpichten Eisfuchses,
wärmt ihn bei arktisch- klirrender Kälte
gewiss ganz wunderbar, und macht ihn dazu
noch vor jeglichen Gefahren-, in der eisigen,
weißen Wildnis - wirkungsvoll unsichtbar,
wiewohl fabelhaft nah da...

Und auch kommt keinerlei Langeweile in ihm
auf; statt solcherlei, ist er ständig auf satt
machende Beute, bis hin wohl voller Gier, auch, nach einer
süßen Gespielin und Familienplanung, -
Leben aus.

Erzählung, epische Dichtung  (Epik)

# Pusteblume

Blühender Löwenzahn,
hält sich in der Hand - leicht und zahm,
es sei denn, ein schon nur
weicher Windstoß,
vertreibt die sanften Samen,
aus der Blume Schoss,
doch auch ein heftiger Hauch,
treibt sie weit über Flur,
Feld, Aue und Strauch,
verteilt sie zum Befruchten
und Erblühen,
auf wahrlich wundervolle Weise:
beschaulich und liebevoll,
mit keinerlei Mühen.

Lyrisches Lied, lyrische Dichtung  (Lyrik)

# Ein bisschen verrückt

Sie ist zu selig, für ein irdisches Leben,
in ihrem allesamt enigmatischen Bestreben,
ist sie eine Außenseiterin, ein bisschen verrückt,
die Welt in der sie lebt ist unvollkommen,
bloß die Utopie ihrerseits für die Welt,
scheint genial geglückt
- gleichwie Kuchen durch süße Butter
beim Backen glückt.

Lyrisches Lied, lyrische Dichtung  (Lyrik)

# Wiesenblumen

Welch farbenfrohe Wiesenblumen,
auf grünen Wiesen um uns wohnen,
weil sie dort zuhause sind.
Sie duften süß,
sie blühen auf,
wenn die warme helle Sonne sie bescheint,
und der klare Regen vom hohen Wolkenhimmel,
weich auf dieselbigen herunterweint.

Und auch, wenn dann und wann
dicke Nebelschwaden, umher um sie
und durch sie ziehen, wehen
und ihrer Wünsche walten,
lachen sie uns zu
und erblühen im taunassen,
frühlings- und auch sommerfrischen,
Wiesengrün- und grünen.....

Elegie, lyrische Dichtung  (Lyrik)

# Blümchen

Im Frühling frisch und frei,
sieht und riecht man viel Natur,
Blümchen bunt samt allerlei,
Schmetterlinge und auch pur.

Viel viel zuckersüße Düfte,
schweben durch die leichten Lüfte,
von Blümchen klein und fein,
die freinatürlich wachsen wie blühen:
redlich rein.

Lyrisches Lied, lyrische Dichtung  (Lyrik)

## Liebe - die größte und ungelöste Kraft, und stärkste Machterscheinung aller Welten...

Sternenglanz in Deinen Augen,
blenden, betäuben will mich Dein Blick,
Liebesbeweise lassen erschaudern,
aber ermessen können sie,
weder Du noch ich...

Liebesgeflüster in finsterer Nacht,
Worte die Gänsehaut schaffen,
in deinen Armen überleb' ich,
die im Lichtetanz -,
vom Wind und vom Mondnebel
- geschüttelte Nacht
- glanzumwogen und rabenschwarz....
- Die bitterkalt!, die unheimlich!,
um uns und in uns
in Erscheinung tritt;
als für Stunden,
auf Erden wacht und waltet.
- Denn den Schrecken, fast ständig,
immer wieder neu erfindet: so gruselig grausig,
so erschreckend schrecklich,
erschafft und erschöpft...

Ode, lyrische Dichtung  (Lyrik)

# Blutrache

Blutrache sättigt und stillt den Tod,
die Wut, den doofen Fanatismus,
die blöde Ehre, und auch den dummen Stolz!
Doch das Herz, der Geist und die Seele,
wollen vor Kummer sterben!

An Blutrache erstickt jeder,
ein jeder der sie ausführen lässt, ausführt,
und dies zulässt....

Wer versteht es schon,
auf sein Selbst zu hören?!,
wenn es leise flüstert
- mit dem Seelchen inwendig,
während der Hass und der Zorn
brüllt und tobt
- mit Unverstand und Unvernunft,
oder auch mit unverständlichem Verstand!

Die Rache ist mein: spricht der Herr.

Gott zugeschrieben

Essay, epische Dichtung (Epik)

# Nebel

Dickschwadiger Nebel der einhüllt...,
auch beglückt,
als Gewand und als Schleppe,
er die Berge schmückt;

weiß wie Milch,
und auch weicher und leichter
als eine Gänsedaune und ein Schneesternlein,
nah und fern,
hat ihn nicht ein jeder,
auf unserer Mutter Erde gern;

er versteckt und hält verborgen,
er beschützt und hält gefangen,
in ihm und vor ihm,
heut' und auch morgen,
lässt es sich bangen...

Xenie, lyrische Dichtung  (Lyrik)

# Mein liebster Baum

Liebster Baum, Du riechst so gut,
Du schönster aller Bäume,
oh Tannenbaum, o Christbaum,
Du grüner und blaugrüner Traum.

Lässt Dich selbst vom hart-
und eisigen Winter,
nicht sonderlich erschrecken,
allerhöchstens, Dich hin und wieder necken;
wenn als Weihnachtsbaum Du,
leuchtest und strahlst,
wohlriechend, wohlgekleidet prahlst...

Ich mag Dich sehr, Du Immergrün,
und auch noch nach der Weihnachtszeit,
sollst Du lange Zeit wachsen, grünen, leben,
Dich entfalten, denn vor allem aber
danach streben:
unserer Umwelt und freischaffenden Natur,
Leben zu geben.....

Lyrisches Lied, lyrische Dichtung  (Lyrik)

# Heile Welt

Bienchen summen, Seelchen singen,
auf der Wiese Häschen springen;
flinke Fröschchen hüpfen herbei,
kleine Kaulquappen schlüpfen
aus ihrem jeweiligen Ei;
neugierige Rehchen schauen,
Dir anmutig zu - von fernen Auen.

Wolken wandern hoch am Himmel,
doch traben auf Erden weiße Schimmel;
magisch ist Milch hier
- in Bächen, zwar nicht zu entdecken,
aber von Kuh, Schaf, und Ziege,
tut sie uns auch super schmecken.

Bunte Blumen duften in aller Süße,
warme Winde bestellen ihnen,
glückverheißende Grüße;
Kirschknospen reifen zu prallen,
feinen Früchten,
verführen zu gesunden,
sinnlichen Süchten.

Lyrisches Lied, lyrische Dichtung  (Lyrik)

# Verdammte, süße Welt

Keine falsche Ehre,
keine Kriege noch Gewehre,
keine Vernichtung, keine Gewalt,
kein Herz wie Stein,
so hart und kalt,
keine Faust,
die sich stet ballt,
nur Liebe und Geborgenheit,
für fortdauernde Ewigkeit...
Dies ist ein Planen!,
dies ist ein Mahnen!,
und auch ein Ahnen! (...)

Anhang

Jeder Tropfen Blut der auf Erden vergossen wird,
wird auch ein Saatkorn der Freiheit sein.

Arbiträrer Ausruf eines revolutionären Paters!

Epigramm, lyrische Dichtung  (Lyrik)

## ...geheiligtes, Heiliges Leben

Von Anfang an, für alle Zeit,
ist der Ursprung des Lebens,
die Heiligkeit die ewig bleibt;
ein heiliges Land - nach dem wir streben,
für das wir bereit sind, zu sterben
- im Leben welch' lauter uns gegeben...;
zur Stund', da uns der Heiland ruft,
erweist sich sinnlich, denn selig,
aus Heiligland ein stiller Gruß.
Wer dies versteht,
versteht auch das
- was Gottes Lieb' zu geben pflegt,
gleichwie gewisslich, zu nehmen bewegt...

Epigramm, lyrische Dichtung  (Lyrik)


## Verschwiegenheiten

Sie sorgen für Misstrauen,
und auch insgeheim,
für Vertrauen auf das sie bauen...;
sie sind zu haben
- für brave Herzen
die sie erraten,
mit Spannung erwarten,
doch nicht verraten:
woran sie scheitern könnten...;
sie beruhen auf schweigsamen Tönen,
Worten, sowie..., schweigendes Beachten
- ihrer geheimerfüllenden
Wahrheiten und Wirklichkeiten...
- Solche vieldeutigen, vielschichtigen Verschwiegenheiten.

Epigramm, lyrische Dichtung  (Lyrik)

# Ein Geheimnis

Das Tal der süßen Wonne,
wo Milch und Honig fließt,
dies kann der Mensch erreichen,
wenn er dem Leben wird schmeicheln,
und sich der Liebe ergießt.

Liebliche Schmetterlinge,
lieben Gesang und Tanz,
von den Elfen Geklingel,
und aller sonstig süßen Dinge,
dieses Tal kennt keine Ignoranz.

Epigramm, lyrische Dichtung  (Lyrik)

### Ein neuer Tag erwacht,
### ein neues Leben beginnt,
### ein neues Hoffen fängt an

Im Morgengrauen sieht die Welt noch finster aus,
ein Nebelschleier zieht sich um Wald,
Wiese und Haus.

Langsam erhellt sich der noch so junge Tag,
ein Funkeln liegt über den Weiden - so karg.

Gülden schimmert der Sonne ihr Kleid,
welche sich langsam erhebt
- übers Erdreich so breit.

Ihre hellen Strahlen,
streifen meine zitternden Augen,
meine Haut erliegt der Wonne,
ihre sanfte Wärme einzusaugen.

Die Vögel zwitschern zudem wunderschön,
ich hör' gern, ihre trostreichen Töne.

Erzählung, epische Dichtung  (Epik)

# Ein niedliches Eichhorn

Ein Eichhörnchen springt von Baum zu Baum,
knackt gern Nüsse, denn die sind sein Traum,
geschmackvoll lecker und baumstammbraun.
Aber auch Eicheln und Bucheckern,
schmecken dem Eichhorn recht gut,
die sind leicht zu finden,
das macht dem Eichhörnchen frohen Mut.

Schön schaut es aus, im rötlichen Flausch,
wenn's im Sonnenlicht sitzt,
und die Wärme einschwitzt.

Die Gesten die es macht sind putzig,
eine goldige Pracht.
Mit dem Aufrecht geschwungenen Schwanz
- fein flauschig und kastanienrot,
lenkt es seine wildesten und liebsten Sprünge
und Flüge: von Ast zu Ast, gefasst, ...

Haselnüsse sind seine liebste Speise,
dafür machen die Eichhörnchen recht gern eine weite,
wenn's sein muss auch beschwerliche Reise.

Auf des Eichhörnchens Köpfchen,
sitzt seidigweich sowie hellbraun,
ein feiner Flaum.

Erzählung, epische Dichtung  (Epik)

# Wolken

Am Himmel tummeln sich
diese kleinen Schäfchenwolken,
sinnlich und zaghaft
ziehen sie vorüber,
über alle Wehmut drüber,
gehen hinüber,
wohl weiter und weit zur Ewigkeit.
Wolken sind reich bestückt
- durch Tröpfchen für Tröpfchen,
beglückt, eng aneinandergerückt...

Sie sind so soft,
man ist entzückt,
wie sehr es ihnen glückt...
Dennoch, willig und wohlwollend
lösen sie sich so schnell
und leicht auf,
wie eine Staubmaus
- sosehr antastbar weich,
als wären sie ein
flusenfein bauschiger Flausch.

Epigramm, lyrische Dichtung  (Lyrik)

# Schlüssel zum Herzen

Ein süßer Zauber mich durchdringt,
mein Herz umschließt,
mir Wärme bringt.

Der Zauber den ich in mir spür',
entsteht durch Liebe,
und nur durch sie,
denn Liebe ist der Schlüssel,
zur wahren Magie.

Die Tür die ich mein',
ist das Tor zum Herz,
durch Liebe lässt sie sich öffnen,
aber manchmal besteht der Schlüssel auch:
aus Sanftmut, Mitleid und Schmerz.

Epigramm, lyrische Dichtung (Lyrik)


# Sybillinische Wahrheit

Weissägerische Wahrheit,
die verborgen bleibt,
birgt innerlich wahrlich,
heimliche Geborgenheit,

und täte stet, bezüglich bestimmender Zeit,
dem Leben dienen, gediegen zugleich,

das mildherzig und lauter,
uns triebhaft verbleibt,
solang' wir es mildtätig nutzen,
ohne Harm und auch Neid...

Elegie, lyrische Dichtung (Lyrik)

# Ein Honigmond, golden und unbewohnt...

Der goldene Honigmond,
der weit hinter den Wolken wohnt,
hoch über ihnen,
und manchmal auch hinter ihnen versteckt,
verdeckt und unentdeckt
- für unsere Augen,
die für seine Spiele nicht taugen.
Er gehört zu uns wie die Sonne,
aber wir nicht zu ihnen...
Wir brauchen beide zum Leben,
doch sie können auch ohne uns...,
nach sinnlichen Sphären streben.
Der Honigmond...,
fast scheint es so,
als hätte er sich mit der Sonne gepaart,
ganz ergriffen und entzückt,
und uns dabei gleich mit beglückt...

Elegie, lyrische Dichtung  (Lyrik)

**So, wie ein Rapsfeld im Sommer,**
**so, wie Elfen und Feen,**
**so, wie Liebende**
**in der Sommersonne träumen...**

Aufs gelbe, grün- und sonnenfarbige Rapsfeld,
so blumig fein,
durchbricht des Sommers Sonnenglanz,
mein Herz.
Scheint tief und tiefer,
in mein internstes, schaudernd Gespür...
- Dieser farbenfrohe Spiegelschein...,
dieses innerste Regenbogensein,
diese Leidenschaft - das Liebesleben,
der Feuerkuss Dein.

So, wie ein erblühend', grüngelbes Rapsfeld
im klaren Sonnenschein,
erblüht auch unsere Liebe
- unendlich weit und unaufhörlich ehrlich, rein.

Unser beider Blut,
ergibt den beherrschenden Ozean,
der durch die Seelen spiegelt,
sie überfließen lässt;
der uns gerührt,
durch ein Zauberland führt.
- Durch eine Magie - so gebannt,
wir genießen sie, Hand in Hand.

Elegie, lyrische Dichtung  (Lyrik)

# Ein geheimer, zarter Liebesbund

Zauberhaft zaghaft, und so soft,
streichelst du mir übers Gesicht.
Ich erwache ganz glanzvoll,
erkenne, erfühle Dich,
noch schlaftrunken und traumverbunden.

Eine lautere Liebe,
bewohnt meine Seele, mein Herz,
sie nimmt mir allen Kummer,
und fast jeden Schmerz...

Als wir uns das erstemal trafen,
gabst du nicht sehr viel von Dir preis,
doch jetzt, so nah bei Dir
und in Liebe,
weiß ich
was zu lieben heißt.

Elegie, lyrische Dichtung  (Lyrik)

# Schmetterlinge

Von Blume zu Blume,
von Blüte zu Blüte,
von Halm zu Halm,
und Strauch zu Strauch,
flattern zarte Schmetterlinge
wie ein lautloser Hauch.
Ein Schwarm von ihnen: farbenschön,
wirbt mit sinnlichen Düften
um zu sehn',
wie ihre Liebe sich entwickelt;
sich um der anderen Flügel wickelt;
umwogen von der Wonne
unter der wärmenden Sonne.
Wunderschön
spür' ich sie genehm.
Spürst selbst Du sie
im Bauche oft kribbeln,
als eine ganze Kolonne...

Lyrisches Lied, lyrische Dichtung  (Lyrik)

# Ein Erzengel

Hohe Engel - lieb und mild,
mitunter mittelbar stürmisch sowohl wild,

wenn unglückselig genant,
gute Geschöpfe ungeahnt,

in üppig-üble Fallen fallen,
dennoch sich ans Lebensglück krallen,

mit aller Kraft, allen Kräften,
allem Mut und allen Säften,

...und die hohen Engel ungebrochen,
kämpfen hart, wie karge Knochen...,

einerseits tapfer und zornig entschlossen,
andererseits vom Mitfühlen zäh zerflossen,

doch tun sie der Liebe nicht zagen,
sondern sanft im Herzen sie heilvoll wagen.

Elegie, lyrische Dichtung  (Lyrik)

# Kriegerengel

Sie stritten geharnischt mit ihren Feinden,
lange schon vor unsrer' Zeit,
mit Harnisch und mit Engelsmut,
stürzten sie sich
in des Feindes Kampfes Feuerglut.

Auch sind sie stetig optimistisch,
und vorsichtig dem Bösen gegenüber,
welch' Übel noch nicht ist vorüber;
welches wahrlich nicht wird müder,
sondern soviel rüder und rüder...

Es hört nicht auf - das mit dem Bösen,
es will nicht vergehen,
wir müssen also hoffnungsfroh weitersehen,
sühnend, brav und engelgleich
- in Hoffnung auf die Kriegerengel,
dass sie uns fortdauernd beistehen.

Essay, epische Dichtung  (Epik)

# Erdenengel

Erdenengel sind unter uns,

hier im Leben,

auf Erden und im Sterben.

Sie können auf Erden geboren werden,

und engellichte Züge erben.

Du und Ich, wer weiß es schon,

ist Gott vielleicht sehr nah

- dem Herrscher auf dem Himmelsthron.

Epigramm, lyrische Dichtung  (Lyrik)

# Ein Mensch: krank in seinem Herzen, in seinem Geist und in seiner Seele.

Anfänglicher Gesang: Melodische Töne...

Warum ließest Du Töten?,
soviel Blut vergießen?,
warum nur dieser Hass?,
dieser unbändige Zorn?,
warum?, wofür dieser Zerstörungswahn?

Refrain: Melodische Töne...

Und der Himmelskönig!,
kennst Du seinen Namen?,
denkst Du ihm gefiel,
was damals geschah?!;
sein Blut versiegt niemals!,
solange Machthunger zerstört und triumphiert!

Refrain: Melodische Töne...

Du schmücktest Dein Sein,
mit Mythen, Legenden;
die Wirklichkeit,
schien Dir fremdartig zu sein;
die Wahrheit versuchtest Du listig
aus dem Weg zu räumen,
das Schicksal ließ Dich vorbehaltlos
einen Traum zu Ende träumen.

Refrain: Melodische Töne...

Lyrisches Lied, lyrische Dichtung  (Lyrik)

# Das Grauen längst vergangener Tage

Die Angst, das Blut, die Tränen, der Tod,
die Verzweiflung, die Hoffnung, die große Not,
sind Zeichen einer schlimmen Zeit die mal war,
und ein Teil von ihr lebt auch heute
noch weiter da;
zu stark um ihn zu verdrängen,
zu stark um zu vergessen,
zu schmerzvoll, unauslöschbar wahr...

Refrain: Melodische Töne...

Die Bilder dieser Zeit machen Angst,
der Schrecken der Vergangenheit,
ist rasch erkannt;
eil' Dich und frag',
nur verkenn' nicht die Lage,
hör' zu,
was die Antwort Dir sagen mag...

Refrain: Melodische Töne...

Lyrisches Lied, lyrische Dichtung  (Lyrik)

# Düsterer Wahnsinn

Die Stille um mich ist sonderbar seicht,
die Nacht erfüllt sich dennoch reich,
singe Dir ein Lied,
mein liebster Hirt,
und der Wind weht es fort,
weiter fort,
immer weiter fort zu Dir.

Refrain: Melodische Töne...

Beschützer der Welt ohne Ruh',
die Engel rufen Dir zu,
Himmelskönig sieh' nur,
die Menschen sind schwach,
ach oh ach,
schon wieder beherrscht sie eine böse Macht!

Refrain: Melodische Töne...

Lyrisches Lied, lyrische Dichtung  (Lyrik)

# Süße Sinnlichkeiten

Oh süß', süßer Augenblick,
mag den Wind, wie er heimlich spricht,
mag den Fisch,
der im Wasser sich reckt,
und die Luft, die Leicht geräuchert schmeckt.

Oh süß', süßer Augenblick,
oh süß', süße Zeit.

Oh lieb', lieblicher Augenblick,
mag den Schmetterling, im hellen Sonnenlicht,
mag die Schäfchenwolken, wandern sehn',
und die Sonnenflut, die meine Aug' durchbricht.

Oh lieb', lieblicher Augenblick,
oh lieb', liebliche Zeit.

Oh warm', warmer Augenblick,
mag die Wärme, die das Leben gibt,
mag das Lächeln, das man fühlen kann,
und das Lachen, das den Schmerz vergisst.

Oh warm', warmer Augenblick,
oh Du geborgene Zeit.

Ballade (Gesang), epische Dichtung (Epik)

# ...bäckiges Baby

Dickbackiges Baby, Sonnenscheinchen,
gewogen, ist Dir die Freud',
morgen und heut',
Liebe ist Dein lächelndes Scheinen.

Die weite weite Welt steht Dir offen,
sie zeigt sich Dir schön,
lässt soviel hoffen,
zeigt sich Dir bunt und in vielen Tönen.

Bald schon gehst Du staunend spazieren,
munter, tapfer und niedlich,
tust Du nach immer mehr Spielen gieren.
Alle die Dich lieben und mögen,
bestaunen dies redlich.

Ballade, epische Dichtung (Epik)

# Braves Babyglück

Wunderhübsch in Windeln schlummernd...,
sanftes, leises Lachen,
malt der Traum milde,
dem Baby so blumig,
ins wonnige Gesicht.

Es lächelt wenn es schauen darf,
und Neuentdecktes rasch erhascht,
derhalben lacht es zaghaft sachte,
wenn wunderlich' Neues es unverblümt überrascht.

Neugieriges Nuckelbaby, ahmst Gesten babygleich nach,
freust Dich über Allerlei,
strahlst übers ganze dickbackige Sonnengesicht,
beim Erschmecken von süßer Leckerei.

Genüsslich, glücklich ist die Welt, und honigsüß,
im wahrnehmenden Schein,
des unklaren Erlebens,
vom Baby noch so klein.

Im Arm von Mama und Papa geborgen,
sinnt sinnlich es nach Liebe und Wärme,
die kleinen Händchen halten sich...,
umklammern Dich,
die Frucht der Liebe ist zuckersüß,
weich und warm,
ein Gottessegen liegt im Arm...

...holst Nahrung aus dem Babybrunnen,
von Deiner Mami mild,
Dein Mund hält ihre Brust butterweich umschlungen,
sobald sie Dich dann selig stillt.

Ballade, epische Dichtung  (Epik)

# Liebeswahn

Du schaffst es mich zu berauschen,
und ob ich will, oder nicht,
bleibst Du ein Teil meines Lebens,
willst der sein: der mein Leben beschließt.

Refrain: Frei, frei, so frei sein,
so frei wie der Wind,
wie ein Vogel frei sein
und doch nicht
schutzlos und allein sein.

Du willst:: ich soll Dir gehören,
doch ich gehör' schon mir selbst,
Du meinst: ich muss auf Dich hören,
aber, ich bleibe ich selbst.

Refrain: Frei, frei, so frei sein,
so frei wie der Wind,
wie ein Vogel frei sein
und doch nicht
schutzlos und allein sein.

Du kannst mich lieben und hassen,
doch niemals werd' ich wie Du's willst sein,
Du kannst mir wehtun, mich ängstigen,
Dein Besitz werde ich niemals sein.

Refrain: Frei, frei, so frei sein,
so frei wie der Wind,
wie ein Vogel frei sein
und doch nicht
schutzlos und allein sein.

Hältst Du das tatsächlich für Liebe?,
wenn mit Gewalt Du erzwingst
was Dir fehlt!,
denkst Du wirklich
ich könnte Dich lieben?!,
dafür, dass Du mich quälst!!!

Refrain: Frei, frei, so frei sein,
so frei wie der Wind,
wie ein Vogel frei sein
und doch nicht
schutzlos und allein sein.

Refrain: Frei, frei, so frei sein,
so frei wie der Wind,
wie ein Vogel frei sein
und doch nicht
schutzlos und allein sein.

Refrain. Frei, frei, so frei sein,
so frei wie der Wind,
wie ein Vogel frei sein
und doch nicht
schutzlos und allein sein.

Melodie - Peces
Ballade mit Tempo
Epische Dichtung  (Epik)

# Lied von Phantásien
## - dem verborgenen Reich

Ich will euch was erzählen,
und das handelt sich,
um Phantásien, dem großen Reich,
das ohne Grenzen ist.
Und eines Tages geschah es:
dass in dem schönen Land Moder-Moor,
ein See namens Brodelbrüh verschwunden war,
einfach weg, einfach nicht mehr da.

Refrain: Schnell auf zur Kindlichen Kaiserin,
wir müssen ihr die Botschaft bringen;
doch was hört man da?,
sie ist schwer krank,
denn sie braucht einen neuen Namen!,
und den kann ihr nur einer geben,
nämlich, ein Menschenkind!, ein Menschenkind!

Der große, graue Steinbeißer,
konnt' und wollt' das nicht verstehn',
wie kann ein See einfach verschwunden sein?,
nein,ich kann das nicht kapiern'.
Das Irrlicht meinte nur dazu ,
verstehn' tun wir es alle nicht;
ich weiß, ich mein', oder,
kennt ihr vielleicht,
dieses, ja dieses Nichts?
- Erst war es so groß wie ein Sumpfhuhn-Ei,
doch es verbreitete sich,
es wurde größer und auch schlimmer
- dieses grauenhafte Nichts!

Refrain: Schnell auf zur Kindlichen Kaiserin,
wir müssen ihr die Botschaft bringen;
doch was hört man da?,
sie ist schwer krank,
denn sie braucht einen neuen Namen!,
und den kann ihr nur einer geben,
nämlich, ein Menschenkind!, ein Menschenkind!

Drum singt doch bitte alle mit mir dieses Lied,
und lasst uns Phantásien retten!,
denn wir alle können stärker als das Böse sein
- dieses grauenhafte Nichts!

Melodie - Don't Answer Me

Diese Ballade entstand als ich
zwölf Jahre alt war,
und ich unendlich für
Die unendliche Geschichte
schwärmte
- ganz besonders
für den Glücksdrachen Fuchur...

Ballade  (Gesang), epische Dichtung  (Epik)

# ..., wie ein Saatkorn im Wind

...fühl' mich wie ein Saatkorn im Wind,
wie ein einzelnes Körnlein
- so leicht zerstörbar, so leicht übersehbar,
so zerbrechlich in seinem Sein;
und doch fühle ich:
kraftvoll in meiner Seele Keim,
keimt meine innere Stärke
- sinnlich suchend nach fruchtbaren Nährböden,
beinahe verloren und unscheinbar,
gerade so, wie ein durch das Glück
und durchs Schicksal behütetes ...flöckchen.

Mal treibt ein sehr starker Sturm -,
mal ein milder Windstoß -
mich voran. Dennoch bleib' ich -,
als ein beinah ab und zu auf Irrwegen
wehendes, winziges Körnchen,
vertröstet von ungewissen Weltgeschehnissen, -
auf der Strecke. Denn ich kann
im Wind wie im Sturm nicht aufkeimen,
kann nicht erblühen und keine
Wünsche zur Geltung bringen.
Nicht einmal, eine zarte Pflanze Wunsch,
langsam wachsen lassen.
- Kein Leben erreichen, keins weiterreichen,
nur die erträumte und erwünschte Erfüllung
schlafwandeln lassen...

Als ein sinnliches Saatkorn - noch so unerfüllt,
brauche ich das Licht und die Wärme der sorglosen Sonne,
gleichwie den Regen und auch den Ozean allen Lebens -
der das ewig zeitlose Leben in sich birgt und verteilt.
- Aber vorab brauche ich insbesondere den seligen Schoß
der Mutter Erde...

Was ich also wirklich brauche ist: Wärme und
Geborgenheit,
Schutz und Seligkeit und sehr viel Liebe...

Ich suche Glück;...versuche mein Glück
und auch suche ich das Glück an sich.

Ich versuche das Leben so zu leben,
dass es mich manchmal abermals
an die Hand nimmt...; dass es mich führt:
Schritt für Schritt. .....

Novelette  (eine kleine Novelle),
epische Dichtung  (Epik)

# Elfennovelle

Vom Walde her, da hört man sie sehr, quer durchs ganze Gestämm, und noch mehr... Dort wo die Bächlein rauschen - ruhelos rein. Wo der Himmel wundervolle Wolken gebärt, welche sich erklecklich entfalten, sich synergetisch entblößen-, durch das ständig, zeitlich wechselnde Wetterkleid,- zur Stund' ihrer kurrenten Zeitlichkeit. Um die Erde zu befruchten und zu beleben, wiewohl wundersam zu benutzen...

...Wölkchen verwandeln sich sorgenfrei, zeitig und reichlich... - befohlen vom Einfluss der Natur und deren Laune - in Schäfchenwolken... So soft und fein flauschig,..., sind sie süß und bauschig und weiß wie Zuckerwatte; gewisslich genauso weich und auch sanft zergehend, zerschmelzend, zerfließend, denn im starken Sonnenscheinen schon allein...

Ich möchte sie hören, sehen und erleben - diese schalkhaften Elfen und tanzenden Feen, so sie ihre Späße treiben, toben in lichten Höhen, und taumeln vor Glückseligkeit, wie wunderhübsche Schmetterlinge, unbekümmert, sinnlich schön - o süße Zauberfeen... Einerseits, schmücken ihre fröhlichen Tänze triebhaft und warm, die Baumwipfel mit zärtlichem Charme und magischem Zauberatem; gebunden vom seichten, doch dichten, glänzenden Sonnenstaub - zu goldenen, schimmernden Kränzen.
Andererseits verzaubern sie ein lichtes Tal, in eine sagenhafte Landschaft mit anmutigen Auen...

Im Herzen dieser Harmonie, in ihrem Schoße Klang, finde ich das wahre Ziel; zieht es mich abenteuerlich an... Könnte ich sie doch stetig sehen, nicht nur in meinen Träumen - all diese schalkhaften Elfen und lieblichen Feen, das wäre wunderschön anzusehn'... ...Feen und Elfen, die Maiglöckchen in ihren Haaren stecken haben, und duftende Kleidchen aus Blumenköpfchen tragen...

Ich wollt', ich könnte auch diese sattsamen Sonnenstrahlen sehen, deren Hände die Wangen der Elfen lieb necken, so wohl und rosig warm sie, zum Erblühen erwecken...

Wenn ich sie nur wahrhaftig erfahren dürfte, diese spaßigen Elfen und ihre Elfenspäße mit Mensch,
Tier und Fabelwesen...

O ich mag sie allesamt...: Den Elf und die Elfe, den Troll, den Gnom und den Grottenolm, den Zwerg, die Feen, Kobolde und Klabauter...,
das Einhorn und den Zentaur, die Meermaid, die Meerjungfrau und auch die Nixe, sowie die gutartigen, häretischen Hexer und hübschen Hexen, die Zauberer und Alchimisten - samt all ihrer fabelhaften Künste.....

Die Leichtigkeit des Seins zu spüren, ist menschliches Begehren... Den Schwermut in sich selbst zu besiegen, erreicht jeder, dem es auf wünschlichte Weise gelingen möge, so denn wertvoll anmuten tät, den Traum von Zauber und Magie, vom Fliegen und Lieben fortzuführen.
Gleichwohl kühn als auch mit redlichem Bemühen, der wesentlich-wandelbaren Phantasie zu folgen und zu frönen...

Beschaulich wachsen Beeren und Kräuter aller Art, paradiesisch zum Verzehr heran. Fleißig flutet das sinnliche Sonnenlicht auf sie zur Erde herab. Wobei es sich zeitweise zag, auch zögernd fromm filtert - in den milden Schäfchenwolken dann,...

Ich schau' den wachen Windspielen zu, besehe mir, wie
naturhafte Lichtetänze und feurig flitterndes Naturleuchten,
den Tag zum afferenten Ausklang begleiten;
geleitet vom Geiste der Freien Natur.
Gleichsam, wie ein lauteres Lamm...

Novelle, epische Dichtung  (Epik)

# *Nun meine Kleine Kirschblüte?!,...* 1